ANNINA SCHÄFLEIN

HAPPY VEGAN BOWLS

FOTOGRAFIE: MONA BINNER, COCO LANG

INHALT

Öffnen Sie die Klappen dieses Buches.
Dort finden Sie die wichtigsten Infos zum Thema auf einen Blick!

DAS PRINZIP:
HAPPY VEGAN
BOWLS

DIE PERFEKTE
KOMBI

Immer griffbereit:

SO GEHT'S:
MEAL PREP

Immer griffbereit:

SO GEHT'S:
LECKERE EXTRAS

GU
CLOU

Wussten Sie schon, dass …?
Entdecken Sie bei einigen ausgewählten Rezepten ganz besondere Tipps mit verblüffendem Insiderwissen. Aha-Momente garantiert!

Die Backzeiten können je nach Herd variieren. Unsere Temperaturangaben beziehen sich auf das Backen im Elektroherd mit Ober- und Unterhitze.

Sammeln Ihrer Lieblingsrezepte mit der »GU Kochen Plus«-App (siehe S. 64)

REZEPTKAPITEL

ANNINA SCHÄFLEIN

Gesundes und frisches Essen zuzubereiten ist mit ein wenig cleverer Vorbereitung ganz einfach. Bowls bieten eine ausgewogene Balance an den wichtigsten Benefits für Body & Soul – Eiweiß, Kohlenhydrate und ganz viel Gemüse, dazu die perfekte Optik! Denn das Auge isst bekanntermaßen mit …

Braucht es ein spezielles Gefäß für das Anrichten der Bowls?
Besonders schön kommen die Komponenten der Bowls in runden, bauchigen Schüsseln aus beispielsweise Keramik oder Steingut zum Tragen. Wer hier nicht die geeignete Größe zur Hand hat, kann auf Müslischalen, Suppenteller oder kleine Salatschüsseln zurückgreifen. Einige Bowls lassen sich auch als Salat in einer großen Schale servieren. Für wenige Rezepte in diesem Buch werden ofenfeste Bowls benötigt, die Temperaturen bis 200° tolerieren.

Was darf für dich in einer Lieblingsbowl nicht fehlen?
Ich liebe es, saisonal und bunt zu essen, und lasse mich hier gerne auf dem Wochenmarkt oder im Bio-Laden inspirieren. Je bunter die Bowl, desto nährstoffreicher ist sie. Eine fruchtige oder zitronige Note und frische Kräuter peppen jede Bowl zusätzlich auf. Für noch mehr Abwechslung experimentiere ich gerne mit verschiedenen Gewürzen und Saucen. Wenn es schnell gehen muss, tun es aber auch Saucen aus dem Glas und Röstzwiebeln oder geröstete Nüsse als Topping. Und ganz wichtig, damit die Bowl lange satt macht: eine große Portion Proteine. Mein Favorit ist geräucherter und würzig marinierter Tofu.

Ist es nicht zeitintensiv, die Bowls frisch zuzubereiten?
Es muss nicht jeden Tag frisch gekocht werden. Am Wochenende nehme ich mir Zeit, plane die Rezepte für die kommende Woche und mache einen Großeinkauf. Dann können Saucen oder die Getreidekomponenten der Bowls schon vorbereitet und kalt gestellt oder tiefgekühlt werden. Auch Salat, Rohkost und Blattgemüse lassen sich für mehrere Tage vorbereiten. Zum Servieren muss man dann nur die verschiedenen Bestandteile in einer Bowl anrichten und die Toppings ergänzen.

BLITZREZEPT: SMOOTHIE-BOWL

300 g TK-Bananen,

150 g TK-Grünkohl,

100 g TK-Beerenmischung und

400 g Sojaghurt in einen Hochleistungsmixer geben.

5 Min. antauen lassen, dann zu einem dickflüssigen Smoothie pürieren.

Den Smoothie direkt auf vier Bowls verteilen. Mit einer in Scheiben geschnittenen Banane, 4 EL Chia-Samen und 120 g Knuspermüsli anrichten und mit 4 EL Cashew-Mus sowie 2 EL Kakao-Nibs garniert servieren.

FRÜHSTÜCK

Für 4 Personen • 20 Min. Zubereitung • Pro Portion ca. 430 kcal, 12 g E, 20 g F, 51 g KH

BAUERNFRÜHSTÜCKSBOWL

PROTEINREICH

800 g Pellkartoffeln vom Vortag
4 EL Öl
Salz
1 Zwiebel
4 große Essiggurken
1 Bund Schnittlauch
400 g Seidentofu
1 TL Kala Namak (Schwarzsalz)
1 Glas BBQ Pulled Jackfrucht (330 ml)

AUSSERDEM
4 ofenfeste Bowls

1 Den Backofen auf 100° vorheizen. Die Kartoffeln pellen, halbieren und in 1 cm dicke Scheiben schneiden. In einer großen Pfanne 2 EL Öl erhitzen und die Kartoffeln darin bei großer bis mittlerer Hitze etwa 10 Min. anbraten. Dann salzen, aus der Pfanne nehmen, auf Bowls verteilen und im Ofen warm halten.

2 In der Zwischenzeit die Zwiebel schälen und fein würfeln. Die Gurken in feine Scheiben schneiden. Den Schnittlauch kalt abbrausen, trocken schütteln und in feine Röllchen schneiden.

3 In einer Pfanne das übrige Öl (2 EL) erhitzen. Zwiebel darin ca. 4 Min. bei mittlerer Hitze andünsten. Den Tofu abgießen, mit dem Kala Namak verrühren, dazugeben und ca. 5 Min. bei mittlerer Hitze braten. Die Hälfte des Schnittlauchs unterrühren. Die Jackfrucht in einem Topf bei mittlerer Hitze erwärmen.

4 Die Bowls aus dem Ofen nehmen. Jackfrucht und Tofurührei auf die Bowls verteilen und nebeneinander auf den Kartoffeln anrichten. Die Gurkenscheiben jeweils an einer Seite auslegen und alles mit dem restlichen Schnittlauch bestreuen.

Für 4 Personen • 15 Min. Zubereitung • Pro Portion ca. 475 kcal, 25 g E, 19 g F, 55 g KH

HAFER-PISTAZIEN-BOWL

ZUM BRUNCH

600 ml Haferdrink
150 g Hafer-Porridge-Mischung
1 Prise gemahlene Bourbon-Vanille
2 Nektarinen
100 g Rote Johannisbeeren
16 Physalis
60 g Pistazienkerne (geröstet)
6 EL gepuffter Amarant
2 EL Pistazienmus
2 EL geschrot. Hanfsamen

1 Den Haferdrink in einem kleinen Topf aufkochen, die Porridge-Mischung und die Vanille einrühren und alles einmal aufkochen. Den Porridge vom Herd nehmen und ca. 10 Min. quellen lassen.

2 Inzwischen die Nektarinen waschen, halbieren, das Fruchtfleisch vom Stein lösen und in dünne Spalten schneiden. Johannisbeeren am Stiel waschen und sehr gut abtropfen lassen. Die Physalis aus den Blättern lösen und halbieren. Die Pistazien grob hacken.

3 Den Porridge in Bowls verteilen. Die Nekatrinenspalten obenauf geben, auffächern und je 1 ½ EL Amarant, 25 g Johannisbeeren in Rispen und 4 Physalishälften nebeneinander darauf anrichten. Mit Pistazienmus, gehackten Pistazien und Hanfsamen garnieren.

Für 4 Personen • 25 Min. Zubereitung • Pro Portion ca. 495 kcal, 13 g E, 12 g F, 81 g KH

HIRSE-ZWETSCHGEN-BOWL

WEIHNACHTLICH

200 g Hirse
600 ml Sojadrink
1 TL Spekulatiusgewürz (ersatzweise ¼ TL gemahlene Bourbon-Vanille)
1 EL Kakaopulver
3 EL Reissirup
4 Zwetschgen
4 vegane Karamell-Kekse (Lotus)
2 Kakis
100 g Sojaghurt
4 EL Kakao-Nibs

1 Die Hirse in einem Sieb abspülen, bis das Wasser klar abläuft, und gut abtropfen lassen, dann in einen Topf geben. Sojadrink, Gewürz, Kakao und 2 EL Reissirup unterrühren, alles zum Kochen bringen und 15–20 Min. bei kleinster Hitze zugedeckt sanft köcheln lassen, bis die Hirse weich ist. Dabei gelegentlich umrühren.

2 Inzwischen die Zwetschgen waschen, halbieren, das Fruchtfleisch vom Stein lösen und in dünne Spalten schneiden. Diese in einer Pfanne mit einem großen Schuss Wasser ca. 5 Min. bei kleiner Hitze abgedeckt garen. Den übrigen Reissirup (1 EL) darübergeben.

3 Die Kekse in einen Gefrierbeutel füllen und mit einem Glas oder dem Nudelholz zerstoßen. Kakis waschen, putzen und fein würfeln. Porridge auf Bowls verteilen und zur Hälfte mit Sojaghurt bedecken und diesen zu je einem Viertel mit Pflaumenspalten und Kakiwürfeln bedecken. Mit Keksbröseln und Kakao-Nibs bestreut servieren.

PANCAKE-BOWL

SEELENFUTTER PUR

250 ml Sojadrink
1 EL Apfelessig
50 g Buchweizen
3 EL Ahornsirup
Salz
150 g Dinkelmehl (Type 630)
2 TL Backpulver
2 Orangen (ersatzweise Blutorangen)
1 EL Öl
2 Bananen
2 EL vegane Haselnuss-Nugat-Creme

AUSSERDEM
4 ofenfeste Bowls

1 Den Backofen auf 165° vorheizen. Ein Blech mit Backpapier auslegen. In einer Schale den Sojadrink mit dem Apfelessig verrühren und in ca. 5 Min. gerinnen lassen.

2 Den Buchweizen in einer Schüssel mit 1 EL Ahornsirup sowie 1 Prise Salz vermischen, auf das Blech geben und ein wenig verteilen. Im Ofen (zweite Einschubhöhe von unten) in ca. 18–20 Min. leicht goldbraun rösten. Dann herausnehmen und mithilfe des Backpapiers vom Blech ziehen.

3 Mehl und Backpulver in einer Schüssel vermengen. Den geronnenen Sojadrink mit dem restlichen Ahornsirup mischen, zum Mehl geben und alles zügig zu einem glatten Teig verrühren. Je ca. 100 ml des Teiges auf die Bowls verteilen. Diese auf den Gitterrost stellen, in den Ofen (Mitte) schieben und zusammen mit dem Buchweizen ca. 20 Min. backen.

4 Etwa 5 Min. vor Ende der Backzeit die Orangen so schälen, dass die weiße Haut mit entfernt wird. Die Orangenfilets zwischen den Trennhäuten herauslösen.

5 In einer Pfanne das Öl erhitzen. Die Bananen schälen, in 1 cm breite Scheiben schneiden und diese im heißen Öl von jeder Seite bei großer Hitze ca. 2 Min. anbraten. Die Bowls mit den Orangenfilets und Bananenscheiben belegen und mit der Haselnusscreme und dem Buchweizen-Crunch garnieren.

Für 4 Personen • 10 Min. Zubereitung • 8 Std. Quellen • Pro Portion ca. 435 kcal, 23 g E, 15 g F, 53 g KH

TIRAMISU-PORRIDGE-BOWL

MIT KAFFEENOTE

200 g Haferflocken
2 EL geschrot. Leinsamen
500 ml Haferdrink
2 EL Reissirup
2 starke Espresso (ersatzweise 3 EL lösliches Kaffeepulver)
400 g Sojaghurt
½ TL gemahlene Bourbon-Vanille
1 Handvoll gemischte Beeren (nach Belieben)
60 g vegane Zartbitter-Schokolade (ersatzweise Kakao-Nibs)
4 TL Kakaopulver (ersatzweise Trinkschokoladenpulver)

1 Die Haferflocken in eine große Dose oder ein Schraubglas geben. Leinsamen, Haferdrink, 1 EL Sirup und die Espressi hinzufügen und sehr gründlich verrühren. Dose oder Glas luftdicht verschließen und den Porridge ca. 8 Std. (über Nacht) im Kühlschrank quellen lassen.

2 Am nächsten Tag den Sojaghurt mit der gemahlenen Vanille und dem restlichen Sirup glatt rühren. Nach Wunsch die Beeren verlesen, waschen und abtropfen lassen. Die Schokolade fein hacken.

3 Den Porridge aus dem Kühlschrank nehmen und auf Bowls verteilen. Die Sojaghurtcreme zu gleichen Teilen darüber verteilen, dann alles mit je 1 TL Kakao bestäuben. Die Bowls mit Schokostückchen garnieren und nach Belieben mit Beeren bestreut servieren.

Für 4 Personen • Zubereitungszeit 15 Min. • Pro Portion ca. 1215 kcal, 19 g E, 103 g F, 47 g KH

PIÑA-COLADA-BOWL

SOMMER-REZEPT

2 reife Bananen
800 g vegane Joghurtalternative Kokos
¼ TL gemahlene Tonkabohne (ersatzweise gemahlene Bourbon-Vanille)
4 EL Kokosraspel
2 Passionsfrüchte (ersatzweise Maracujas)
½ Ananas
4 EL Kokos-Chips
4 EL vegane Kokos-Mandel-Creme

1 Die Bananen schälen, in grobe Stücke brechen und mit der Joghurtalternative in einem Hochleistungsmixer (alternativ mit einem Pürierstab) cremig-fein pürieren. Gemahlene Tonkabohne und Kokosraspel zugeben, alles verrühren und auf Bowls verteilen.

2 Die Passionsfrüchte halbieren. Die Ananas schälen, das Fruchtfleisch vom Strunk schneiden und ca. 0,5 cm groß würfeln. Die Würfel leicht schräg auf ein Drittel (längs) der Bowl geben. Kokos-Chips daneben anrichten. Das Fruchtfleisch der Passionsfrüchte mit einem Löffel aus der Schale lösen und daneben geben.

3 Die Kokos-Mandel-Creme glatt rühren oder diese gegebenenfalls kurz in der Mikrowelle erwärmen, damit sie flüssiger wird. Die Bowls mit jeweils 1 EL Creme beträufeln und sofort servieren.

Für 4 Personen • 30 Min. Zubereitung • Pro Portion ca. 550 kcal, 20 g E, 29 g F, 48 g KH

SÜSSE BLUMENKOHL-BOWL

GLUTENFREI

1,1 kg Blumenkohl
80 g getr. Datteln (entsteint)
1 l Mandeldrink
1 TL Zimtpulver
4 EL Kakaopulver
50 g Proteinpulver (geschmacksneutral)
4 EL gemischte Nusskerne
4 Aprikosen
2 Bananen
4 TL Leinöl

1 Den Blumenkohl putzen, waschen und in grobe Stücke zerteilen. Die Stücke im Hochleistungsmixer auf Reiskorngröße zerkleinern oder mit einem Messer sehr klein hacken.

2 Den klein gehackten Blumenkohl in einen großen Topf geben. Die Datteln in Würfel schneiden und hinzufügen, dann den Mandeldrink angießen und einmal aufkochen lassen. Zimt- und Kakaopulver mit einem Schneebesen unterrühren. Alles ca. 15 Min. bei kleinster Hitze sanft köcheln lassen, dann mit dem Pürierstab cremig-fein pürieren. Zuletzt das Proteinpulver unterrühren. Den Brei auf die Bowls verteilen.

3 Inzwischen die Nüsse in einer Pfanne ohne Fett anrösten, bis sie beginnen zu duften. Herausnehmen und grob hacken.

4 Die Aprikosen waschen, halbieren, den Stein entfernen und das Fruchtfleisch in schmale Spalten schneiden. Bananen schälen und in dünne Scheiben schneiden.

5 Das Obst auf dem Blumenkohl-Dattel-Brei anrichten. Das Leinöl darüberträufeln und alles mit den gerösteten Nüssen bestreuen. Die Bowls warm servieren.

Für 4 Personen • 25 Min. Zubereitung • Pro Portion ca. 325 kcal, 11 g E, 12 g F, 42 g KH

SHAKSHUKA-BOWL

KLASSIKER NEU INTERPRETIERT

2 Knoblauchzehen
4 EL Olivenöl
½ TL geräuchertes Paprikapulver
1 TL gemahlener Kreuzkümmel
2 EL Tomatenmark
2 Dosen stückige Tomaten (à 400 g)
Salz
Pfeffer
1 gelbe Paprika
800 g Grünkohl
1 Dinkelbaguette
30 g glatte Petersilie

1 Den Knoblauch schälen und fein würfeln. In einer großen Pfanne 1 EL Öl erhitzen und den Knoblauch darin ca. 2 Min. anbraten. Zuerst die Gewürze, dann das Tomatenmark dazugeben und jeweils kurz anrösten. Alles mit Tomaten ablöschen und ca. 20 Min. köcheln lassen. Mit Salz und Pfeffer würzen.

2 Inzwischen die Paprika waschen und halbieren, Stielansatz, weiße Trennwände und Kerne entfernen. Die Paprikahälften klein würfeln. Den Grünkohl waschen, putzen und die Blätter von den dicken Blattrippen schneiden. Die Blätter fein hacken und in eine Schüssel geben. 1 EL Olivenöl und ½ TL Salz hinzufügen und ca. 3 Min. mit den Händen durchkneten.

3 Das Brot 1,5 cm groß würfeln. Das restliche Öl in einer großen Pfanne erhitzen und das Brot darin in ca. 8 Min. rundherum anrösten. Mit Salz würzen. Die Petersilie kalt abbrausen, trocken schütteln, die Blättchen abzupfen und fein hacken.

4 Die Tomatensauce auf die vier Bowls verteilen und mit je einem Viertel Paprikawürfel, Grünkohl und Brotwürfel anrichten. Die Petersilie darüberstreuen und die Bowls servieren.

GU CLOU

Das herzhafte Frühstück der israelischen und nordamerikanischen Küche lebt durch Gewürze und aromatische Zutaten. Der Geschmack entfaltet sich durch die Kochzeit. Wer mag, greift auf eine fertige Gewürzmischung zurück.

Für 4 Personen • 30 Min. Zubereitung • Pro Portion ca. 685 kcal, 53 g E, 72 g F, 53 g KH

ENGLISH-BREAKFAST-BOWL

DEFTIG

8 Scheiben Vollkorn-Toastbrot
500 g braune Champignons
4 EL Öl
360 g kleine vegane Bratwürstchen (ca. 12 Stück; z. B. auf Jackfrucht-Basis)
100 g veganer Ei-Mix (Trockenprodukt)
Salz
Pfeffer
2 Gläser Baked Beans (à 360 g)
260 g Kirschtomaten

1 Die Toastbrotscheiben nacheinander im Toaster goldbraun toasten. Anschließend in ca. 2 cm große Würfeln schneiden. Die Brotwürfel zu gleichen Teilen in die Bowls geben.

2 In der Zwischenzeit die Pilze putzen, bei Bedarf mit einem Tuch abreiben und vierteln. In einer großen Pfanne 2 EL Öl erhitzen und die Pilze darin ca. 5 Min. bei großer Hitze anbraten. Danach in eine Schale geben und im Ofen warm halten.

3 In einer zweiten Pfanne 1 EL Öl erhitzen und die Würstchen darin rundherum in ca. 8 Min. bei mittlerer bis großer Hitze knusprig anbraten. In der Pfanne im Ofen warm halten.

4 Den Rührei-Mix nach Packungsanleitung zubereiten und im restlichen Öl (1 EL) in der Pilzpfanne anbraten. Mit Salz und Pfeffer abschmecken. Die Bohnen in einen Topf geben und bei mittlerer Hitze erwärmen. Dabei gelegentlich umrühren.

5 Die Tomaten putzen, waschen und halbieren. Gebratene Champignons, Bohnen, Würstchen und veganes Rührei nebeneinander auf den Toastwürfeln in den Bowls anrichten. Die Tomatenhälften daneben anrichten und alles servieren.

HAUPTGERICHTE

Für 4 Personen • 45 Min. Zubereitung • 20 Min. Backen • Pro Portion ca. 775 kcal, 23 g E, 48 g F, 58 g KH

HUMMUS-BOWL MIT GRILLGEMÜSE

ORIENTALISCH

150 g Amarant
1 Glas Bohnen-Mix (240 g Abtropfgewicht)
5 EL Öl
3 bunte Paprika
2 mittelgroße Auberginen
250 g braune Champignons
Salz
Pfeffer
40 g getr. Soft-Tomaten
400 g Hummus (selbstgemacht oder Fertigprodukt)
125 g Feldsalat
150 g Brombeeren

TUNING-TIPP
Wer es gerne scharf mag, fügt dem Hummus 1 rote, sehr fein geschnittene Chilischote oder getrocknete Chiliflocken hinzu.

1 Den Ofen auf 200° (Umluft) vorheizen. Zwei Bleche mit Backpapier auslegen. Amarant in ein Sieb geben, kalt abspülen und in einem kleinen Topf mit 425 ml Wasser zum Kochen bringen. Abgedeckt ca. 30 Min. sanft köcheln. Anschließend vom Herd nehmen und ca. 5 Min. quellen lassen.

2 Inzwischen den Bohnen-Mix in ein Sieb abgießen, kalt abspülen und abtropfen lassen. In einer Schüssel mit 1 EL Öl mischen und auf eines der vorbereiteten Backbleche geben. Paprika waschen und vierteln, Stielansatz, weiße Trennwände und Kerne entfernen. Die Viertel quer halbieren und neben den Bohnen auf das Blech geben. Mit 2 EL Öl beträufeln.

3 Die Auberginen waschen, putzen, längs halbieren und in ca. 1 cm breite Scheiben schneiden. Die Pilze putzen, bei Bedarf mit einem Tuch abreiben und vierteln. Auberginenscheiben und Pilzstücke nebeneinander auf das zweite Blech geben, mit dem restlichen Öl beträufeln. Die Pilze, Gemüse und Bohnen mit Salz und Pfeffer würzen und im Ofen ca. 20 Min. garen.

4 Die getrockneten Tomaten fein würfeln und unter den Hummus mischen. Den Feldsalat waschen, verlesen und trockenschleudern. Die Beeren waschen und verlesen.

5 Den fertig gegarten Amarant auf vier Bowls verteilen. Das Ofengemüse, den Feldsalat und die Bohnen kuchenstückartig nebeneinander auf dem Amarant verteilen. Hummus mittig daraufgeben. Alles mit den Beeren garnieren und servieren.

Für 4 Personen • 35 Min. Zubereitung • Pro Portion ca. 565 kcal, 21 g E, 31 g F, 43 g KH

ZUCCHININUDEL-BOWL MIT FALAFEL

SOMMER-REZEPT

100 g Berglinsen
Salz
2 kleine Zucchini (à ca. 260 g)
15 g Minze
1 Bio-Zitrone
50 ml + 2 EL Olivenöl
Pfeffer
1 Knoblauchzehe
60 g Sojaghurt
500 g Wassermelone
100 g TK-Granatapfelkerne
400 g Falafel (aus dem Kühlregal)
40 g Pistazienkerne (geröstet und gesalzen)

1 Linsen abspülen und in kochendem Wasser nach Packungsanleitung weich garen, salzen. Zucchini waschen, putzen und mit dem Spiralschneider oder einem Sparschäler längs zu »Nudeln« hobeln.

2 Minze abbrausen, trocken schütteln, die Blätter abzupfen und ein paar für die Garnierung beiseitelegen. Saft der Zitrone auspressen. Mit 50 ml Öl und übriger Minze pürieren. 3 EL mit den Zucchini vermischen, salzen und pfeffern. Knoblauch schälen, mit dem Sojaghurt zum übrigen Dressing geben, pürieren. Mit Salz und Pfeffer würzen.

3 Melone halbieren, das Fruchtfleisch von der Schale schneiden und 1 cm groß würfeln. Granatapfelkerne in eine Schüssel geben. Übriges Öl in einer Pfanne erhitzen und Falafel darin bei großer Hitze ca. 5 Min. anbraten. Zucchini auf Bowls verteilen. Linsen, Falafel und Melonenstücke zu je einem Drittel darauf anrichten. Mit Dressing, Granatapfelkernen, -saft, Pistazien und Minze garnieren.

Für 4 Personen • 30 Min. Zubereitung • Pro Portion ca. 675 kcal, 36 g E, 36 g F, 49 g KH

GRIECHISCHE BOWL

FÜRS BÜFETT

150 g Kritharaki (griechische Nudeln)
Salz
2 Knoblauchzehen
2 Salatgurken
400 g vegane Quarkalternative auf Sojabasis
Pfeffer
4 Tomaten
200 g vegane Fetaalternative
2 EL Öl
360 g veganes Gyros auf Lupinenbasis (ersatzweise Sojabasis)

1 Die Nudeln nach Packungsanleitung in kochendem Salzwasser bissfest garen, danach in ein Sieb abgießen und abtropfen lassen.

2 Knoblauch schälen und in eine Schüssel pressen. Eine Gurke putzen, waschen, quer und dann längs halbieren. Das weiche Innere herauslösen, das Fruchtfleisch grob raspeln und mithilfe eines sauberen Geschirrtuchs auspressen. Raspel und Quark zum Knoblauch geben, alles vermischen und kräftig mit Salz und Pfeffer würzen.

3 Übrige Gurke putzen und waschen. Tomaten waschen, halbieren, vom Stielansatz befreien. Feta abtropfen lassen. Alles grob würfeln. Das Öl in einer großen Pfanne erhitzen und das Gyros darin bei mittlerer bis großer Hitze in ca. 5 Min. rundum kross anbraten.

4 Nudeln in Bowls geben. Gurken-, Tomaten-, Fetawürfel und Gyros auf je einem Viertel der Nudeln anrichten. Zaziki darübergeben.

Für 4 Personen • 45 Min. Zubereitung • Pro Portion ca. 595 kcal, 24 g E, 23 g F, 70 g KH

GLASNUDEL-BOWL MIT PAK CHOI UND TOFU

ASIATISCH

400 g Räuchertofu
300 g Mini-Pak-Choi
300 g bunte Möhren
1 Bund Frühlingszwiebeln
½ Bund Koriandergrün
90 g getr. Cranberrys
4 EL Sesamöl
3 EL Sojasauce
Salz
Pfeffer
200 g breite Glasnudeln
4 TL Sesam

1 Tofu längs halbieren und zwischen zwei mit Küchenpapier belegte Küchenbretter legen. Mit Büchern beschweren und Tofu ca. 10 Min. pressen. Anschließend 1,5 cm groß würfeln. Währenddessen den Pak Choi putzen, waschen und längs halbieren. Möhren schälen, grob raspeln. Die Frühlingszwiebeln waschen, putzen und längs in schräge Ringe schneiden. Den grünen Teil beiseitestellen. Koriander kalt abbrausen, trocken schütteln, die Blättchen abzupfen und ein paar davon zur Seite legen. Die restlichen fein hacken und unter die Möhren mischen.

2 Für die Sauce die Cranberrys mit 1 EL Öl, Sojasauce und 175 ml Wasser in einen hohen Rührbecher geben und mit dem Pürierstab fein pürieren. Mit Salz und Pfeffer abschmecken.

3 In einer großen Pfanne 1 EL Öl erhitzen und den Pak Choi mit den Schnittflächen nach unten bei mittlerer Hitze ca. 5 Min. anbraten. 250 ml Wasser und den weißen Teil der Frühlingszwiebeln dazugeben, abgedeckt in ca. 5 Min. bissfest garen und salzen. In einer zweiten großen Pfanne das übrige Öl (2 EL) erhitzen und den Tofu darin in 10–12 Min. bei mittlerer bis großer Hitze rundum kross anbraten. Dann die Hitze reduzieren, die Sauce dazugießen, verrühren und wenige Min. köcheln lassen.

4 Die Glasnudeln in eine Schüssel geben, kräftig salzen, mit reichlich kochendem Wasser übergießen und ca. 5 Min. garen, danach in einem Sieb abtropfen lassen und auf Bowls verteilen. Pak Choi, Tofu, Möhren und Frühlingszwiebelgrün in Streifen darauf anrichten. Mit Koriander und je 1 TL Sesam bestreuen.

Für 4 Personen • 30 Min. Zubereitung • Pro Portion ca. 475 kcal, 20 g E, 11 g F, 71 g KH

SUSHI-BOWL

FÜR GÄSTE

200 g Sushi-Reis
1 ½ EL Reisessig (ersatzweise Aceto balsamico bianco)
300 g TK-Edamame (blanchiert)
Salz
1 Mango
1 Bund Radieschen
¼ Rotkohl
6 Stängel Koriandergrün
200 g Räuchertofu (z. B. Mandel-Sesam)
2 EL Sesam
4 EL Sojasauce

1 Reis in einem Sieb abspülen, dann mit 350 ml Wasser in einem Topf aufkochen und abgedeckt ca. 10 Min. bei kleinster Hitze garen. Vom Herd nehmen und ca. 10 Min. quellen lassen. Anschließend den Reisessig hinzufügen, unterrühren und alles mit einer Gabel vorsichtig auflockern und mischen.

2 Parallel dazu 500 ml Wasser aufkochen. Die Edamame in eine Schüssel geben, mit dem kochenden Wasser übergießen und ca. 10 Min. ziehen lassen. Danach in ein Sieb abgießen und gut abtropfen lassen. Mit Salz abschmecken.

3 Die Mango schälen, das Fruchtfleisch vom Stein schneiden und etwa 2 cm groß würfeln. Radieschen putzen, waschen und in feine Scheiben schneiden. Den Rotkohl ebenfalls putzen und waschen, dann in sehr feine Streifen schneiden. Mit ½ TL Salz ca. 5 Min. durchkneten. Das Koriandergrün kalt abbrausen und trocken schütteln. Die Blättchen abzupfen.

4 Räuchertofu quer in ca. 1 cm dicke Scheiben schneiden. In einem kleinen Schälchen Sesam und Sojasauce mischen.

5 Den Reis auf die Bowls verteilen. Edamame, Radieschen, Mango, Rotkohl und Tofu nebeneinander darauf verteilen, mit Sauce beträufeln und alles mit Koriander bestreut servieren.

Für 4 Personen • 30 Min. Zubereitung • 1 Std. 30 Min. Marinieren •
Pro Portion ca. 695 kcal, 32 g E, 33 g F, 62 g KH

MIENUDEL-BOWL

EXOTISCH

1 Stück Ingwer (4 cm lang)
1 Bio-Limette
2 EL Sojasauce
200 g Tempeh
100 g Erdnussmus (crunchy)
3 EL Sesamöl
Salz
60 g Erdnusskerne (geröstet und gesalzen)
960 g TK-Wok-Gemüse
250 g Mienudeln aus Dinkel
½ Bund Frühlingszwiebeln

1 Ingwer schälen, fein reiben. Die Limette heiß abwaschen, abtrocknen, die Schale fein abreiben und den Saft auspressen. 1 EL Limettensaft beiseitestellen, den restlichen Saft mit der Limettenschale sowie je 1 EL geriebenem Ingwer und Sojasauce mischen. Tempeh in ca. 0,5 cm große Würfel schneiden, zur Sauce geben, unterrühren und 1 Std. 30 Min. marinieren.

2 In der Zwischenzeit 100 ml Wasser mit restlichem Ingwer und Limettensaft, dem Erdnussmus, der übrigen Sojasauce sowie 1 EL Sesamöl zu einer cremigen Sauce pürieren. Diese mit Salz abschmecken. Die Erdnusskerne grob hacken.

3 Das Wok-Gemüse mit 30 ml Wasser in einer Pfanne nach Packungsanleitung bissfest garen. Das restliche Öl in einer Pfanne erhitzen und die Tempehwürfel darin in ca. 8 Min. bei mittlerer bis großer Hitze unter Wenden rundherum knusprig anbraten. Die übrige Marinade angießen.

4 Die Nudeln in kochendem Salzwasser ca. 5 Min. garen, dann abgießen und abtropfen lassen. Die Frühlingszwiebeln putzen, waschen und schräg in dünne Röllchen schneiden.

5 Zum Servieren die Nudeln in Bowls verteilen. Das Wok-Gemüse auf eine Hälfte geben, gebratenen Tempeh und die Frühlingszwiebelringe daneben anrichten. Die Sauce darübergeben und alles mit den gehackten Erdnusskernen bestreuen.

Für 4 Personen • 45 Min. Zubereitung • 15 Min. Backen • Pro Portion ca. 600 kcal, 26 g E, 31 g F, 51 g KH

BURGER-BOWL

HERZHAFT

800 g Süßkartoffeln
4 EL Öl
Salz
2 Zwiebeln
40 g + 1 TL Barbecue-Sauce
60 g gemischte Salatkerne
½ TL rosenscharfes Paprikapulver
½ Gurke
1 Eichblattsalat
350 g veganer Krautsalat
Pfeffer
4 vegane Burgerpattys auf Erbsenproteinbasis (à ca. 113 g; aus dem Kühlregal)

1 Backofen auf 220° vorheizen. Zwei Bleche mit Backpapier auslegen. Süßkartoffeln putzen, waschen und quer in dünne Scheiben schneiden. In einer großen Schüssel mit 2 EL Öl und ½ TL Salz mischen und auf den Blechen verteilen. Die Zwiebeln schälen, halbieren und dazulegen. Im Ofen (Mitte) in ca. 15 Min. hellbraun backen. Zwiebeln auseinanderlösen.

2 In einem Becher 1 TL Barbecue-Sauce mit 1 EL Wasser glatt rühren. Die Salatkerne in einer Pfanne ohne Fett anrösten, bis sie beginnen zu duften. Das Paprikapulver darüberstäuben, die angerührte Barbecue-Sauce angießen und alles bei kleiner Hitze einkochen lassen, dann vom Herd nehmen.

3 Die Salatgurke waschen, längs halbieren und schräg in etwa 0,5 cm breite Scheiben schneiden. Salat waschen, die Blätter in mundgerechte Stücke zupfen und trocken schleudern. Mit dem Krautsalat mischen, salzen und pfeffern.

4 Das restliche Öl in einer Pfanne erhitzen. Die Burgerpattys darin bei großer Hitze in ca. 4 Min. pro Seite kross anbraten. Nach dem Wenden mit restlicher Barbecue-Sauce einpinseln. Herausnehmen und in ca. 1 cm große Würfel schneiden.

5 Die Salatmischung in Bowls verteilen, darauf die Pattywürfel, Süßkartoffelscheiben, Zwiebeln und Gurkenscheiben in je einem Viertel schräg anrichten und die Kerne darüberstreuen.

Für 4 Personen • 30 Min. Zubereitung • Pro Portion ca. 660 kcal, 25 g E, 32 g F, 61 g KH

TEXMEX-BOWL

FÜR GÄSTE

150 g Reis
3 EL Öl
300 g veganes Hack (aus dem Kühlregal)
250 g Tomaten-Chili-Sauce
2 Dosen Texas-Mix (à 265 g Abtropfgewicht; mit Bohnen, Mais, Paprika)
2 Tomaten
½ Eisbergsalat
1 Avocado
1 Zitrone
Salz
Pfeffer
50 g Nachos mit Paprikageschmack

1 Reis nach Packungsanleitung garen. Das Öl in einer Pfanne erhitzen. Das Hack darin in ca. 8 Min. bei großer Hitze krümelig braten. Sauce angießen und in ca. 5 Min. bei kleiner Hitze eindicken lassen.

2 Den Texas-Mix in einem Sieb abspülen und abtropfen lassen. Tomaten waschen, halbieren, den Stielansatz entfernen und das Fruchtfleisch würfeln. Salat putzen, waschen und trockenschleudern.

3 Avocado halbieren, entkernen, das Fruchtfleisch aus der Schale heben und in einen hohen Rührbecher geben. Den Saft der Zitrone auspressen, mit 50 ml Wasser hinzufügen und alles dünnflüssig pürieren. Mit Salz und Pfeffer würzen. Den Salat mit zwei Dritteln der Sauce vermischen, dann in Bowls füllen. Nachos in Stücke brechen.

4 Reis, Texas-Mix, Tomaten und Hack nebeneinander auf dem Salat anrichten, mit übriger Sauce beträufeln und mit Nachos bestreuen.

Für 4 Personen • 35 Min. Zubereitung • Pro Portion ca. 740 kcal, 21 g E, 45 g F, 62 g KH

CAPTAIN'S BOWL

KLASSIKER

200 g Natur-Reis
2 Nori-Blätter
6 EL Öl
Salz
150 g Cornichons
1 kleine Schalotte
1 EL Kapern
150 g vegane Mayonnaise
1 TL getr. Estragon
Pfeffer
16 vegane Fischstäbchen
125 g Baby-Blattspinat

1 Reis nach Packungsanleitung garen. Ofen auf 150° vorheizen, ein Blech mit Backpapier auslegen. Nori-Blätter in 4 × 4 cm große Quadrate schneiden und auf dem Blech verteilen. Mit 1 EL Öl beträufeln, salzen. Im heißen Ofen (Mitte) in ca. 8 Min. leicht knusprig backen.

2 Inzwischen 100 g Cornichons längs in dünne Scheiben schneiden. Schalotte abziehen und sehr fein würfeln. Die Kapern fein hacken. Übrige Cornichons fein würfeln und mit Schalotte, Kapern, Mayo, Estragon und 2 EL Gurkensud verrühren. Mit Salz und Pfeffer würzen.

3 Das restliche Öl in zwei Pfannen erhitzen und die Fischstäbchen darin in ca. 5 Min. pro Seite kross anbraten. Auf Küchenpapier abtropfen lassen. Den Spinat waschen, verlesen und trocken schleudern. Den Reis auf die Bowls aufteilen. Den Spinat auf einer Hälfte, die Fischstäbchen und Gurken zu je einem Viertel auf der anderen Hälfte anrichten. Mit Remoulade und Nori-Chips garniert servieren.

Für 4 Personen • 35 Min. Zubereitung • 45 Min. Backen • 8 Std. Einweichen • Pro Portion ca. 730 kcal, 20 g E, 26 g F, 98 g KH

QUICHE-BOWL

SEELENWÄRMER

200 g 6-Korn-Mischung
450 ml kräftige Gemüsebrühe
2 Knoblauchzehen
100 g Kichererbsenmehl
250 g aufschlagbare Pflanzencreme
Salz
Pfeffer
2 TL Currypulver
400 g Brokkoli
700 g Süßkartoffeln
200 g bunte Kirschtomaten
60 g Mandelblättchen

AUSSERDEM

4 ofenfeste Bowls

1 Die Getreidekörner in einem Sieb kalt abspülen und mindestens 8 Std. (über Nacht) in reichlich Wasser einweichen lassen. Am nächsten Tag erneut abspülen und in reichlich kochendem Wasser nach Packungsanleitung bissfest garen.

2 Die Gemüsebrühe in einem kleinen Topf aufkochen. Den Knoblauch schälen. Das Kichererbsenmehl langsam in die kochende Brühe einrieseln lassen und unter ständigem Rühren mit einem Schneebesen andicken lassen. Den Knoblauch dazupressen, die Pflanzencreme dazugießen und alles glatt rühren. Kräftig mit Salz, Pfeffer und Currypulver abschmecken.

3 Den Backofen auf 175° vorheizen. Brokkoli putzen und waschen, davon 100 g auf der Küchenreibe grob raspeln und zur Seite legen. Den restlichen Brokkoli in 1 cm große Röschen teilen, den Strunk in ca. 1 cm große Würfel schneiden. Die Süßkartoffeln schälen und ca. 0,5 cm groß würfeln.

4 Brokkolistücke und Süßkartoffeln in einer Schüssel mischen, auf die Bowls verteilen und leicht andrücken. Die Kichererbsenmischung gleichmäßig darauf verteilen. Die Bowls im vorgeheizten Ofen (Mitte) 40–45 Min. backen.

5 In der Zwischenzeit die Tomaten waschen und halbieren. Gebackene Quiche-Bowls mit den Tomatenhälften, Getreidekörnern und Brokkoliraspeln toppen und mit Mandelblättchen garnieren.

GU
CLOU

Kichererbsenmehl ist glutenfrei und eiweißreich. Als Alternative zum Käse-Ei-Sahne-Guss bringt es bei leicht nussigem Geschmack die Quiche gut zum Stocken.

Für 4 Personen • 45 Min. Zubereitung • Pro Portion ca. 390 kcal, 16 g E, 14 g F, 49 g KH

FITNESS-BOWL MIT GRÜNEM PESTO

GUT VORZUBEREITEN

1 kg Drillinge (ersatzweise kleine festkochende Kartoffeln)
Salz
200 g Brechbohnen
40 g Basilikum
2 Knoblauchzehen
2 Bio-Zitronen
125 g Cashewkerne
6 EL Hefeflocken
Pfeffer
150 g Rucola
30 g gemischte Sprossen
1 große Knolle Fenchel

TIPP
Statt der Bohnen können Sie auch dünnen grünen Spargel verwenden, den Sie nach dem Putzen schräg in ca. 4 cm lange Stücke schneiden und 8 Min. in kochendem Salzwasser garen.

1 Kartoffeln gründlich waschen und vierteln. In kochendem Salzwasser ca. 13 Min. garen. Bohnen waschen, putzen und in einem weiteren Topf in kochendem Wasser in ca. 5 Min. bissfest garen. In ein Sieb abgießen und kalt abschrecken.

2 In der Zwischenzeit das Basilikum kalt abbrausen und trocken schütteln. Die Blätter abzupfen, ein paar Blättchen beiseitelegen. Den Rest in einen hohen Rührbecher geben. Den Knoblauch schälen, halbieren und dazugeben. Zitronen heiß abwaschen, abtrocknen und 4 TL Schale dazureiben. Den Saft von 1 Zitrone auspressen und ebenfalls hinzufügen.

3 Cashews in einer Pfanne ohne Fett anrösten, bis sie zu duften beginnen. Herausnehmen und 25 g beiseitestellen. Restliche Kerne mit den Flocken und 50 ml Wasser in einen Rührbecher geben und alles zu einem zähflüssigen Pesto pürieren. Mit Pfeffer abschmecken. Bei Bedarf esslöffelweise Wasser untermixen, bis die gewünschte Konsistenz erreicht ist.

4 Rucola waschen, verlesen und trocken schleudern. Sprossen abspülen und abtropfen lassen. Fenchel putzen, waschen, halbieren und den Strunk entfernen. Das Fenchelgrün fein hacken, die Hälften in sehr feine Streifen schneiden.

5 Kartoffeln und Bohnen nebeneinander in Bowls geben, Fenchel, Rucola und Sprossen locker darauf anrichten. Die Bowls mit Pesto beträufeln und mit den restlichen Cashewkernen und den Basilikumblättchen bestreut servieren.

Für 4 Personen • 25 Min. Zubereitung • Pro Portion ca. 900 kcal, 24 g E, 37 g F, 115 g KH

TORTELLINI-BOWL

FÜR KINDER

60 g Pinienkerne
15 g Basilikum
1 Stange Lauch
500 g Shiitake (Pilze)
2 EL Öl
Salz, Pfeffer
690 g Tortellini mit veganer Käsealternative-Füllung (z. B. auf Kichererbsenbasis; aus dem Kühlregal)
2 Tomaten
1 gelbe Paprika
1 Glas veganes Pesto rosso (120 g)
60 g vegane Reibekäse-alternative

1 Kerne ohne Fett hellgelb anrösten. Basilikum abbrausen, trocken schütteln und die Blätter abzupfen. Lauch putzen, waschen und in dünne Ringe schneiden. Pilze putzen, trocken abreiben und vierteln. In einer Pfanne 1 EL Öl erhitzen und die Pilze darin bei großer Hitze ca. 5 Min. anbraten, dann herausnehmen, salzen und pfeffern. Lauch im übrigen Öl bei großer Hitze ca. 3 Min. anbraten, salzen.

2 Die Tortellini nach Packungsanleitung bissfest garen. Tomaten waschen, halbieren, vom Stielansatz befreien und in Spalten schneiden. Paprika waschen, halbieren, Stielansatz, weiße Trennwände und Kerne entfernen. Die Hälften ca. 1 cm groß würfeln.

3 Tortellini in ein Sieb abgießen, noch tropfnass mit dem Pesto verrühren und in die Bowls geben. Lauch, Pilze, Paprika und Tomaten zu je einem Viertel darauf anrichten. Mit Reibekäse, gerösteten Pinienkernen und Basilikumblättern bestreuen und servieren.

Für 4 Personen • 45 Min. Zubereitung • Pro Portion ca. 435 kcal, 16 g E, 20 g F, 45 g KH

SPARGEL-BOWL AN GRÜNER SAUCE

FRÜHLINGS-REZEPT

1 kg Drillinge (ersatzweise kleine festkochende Kartoffeln)
3 EL Olivenöl zum Braten
Salz
500 g grüner Spargel
1 Bio-Zitrone
Pfeffer
1 Bund Kräuter für grüne Sauce (z. B. Dill, Petersilie, Schnittlauch, Borretsch, Pimpinelle)
400 g vegane Quarkalternative
500 g Erdbeeren
40 g Pekannusskerne
Crema di Balsamico zum Garnieren

1 Ofen auf 200° vorheizen. Kartoffeln waschen, vierteln, mit 2 EL Öl und 1 TL Salz mischen und auf ein mit Backpapier ausgelegtes Blech geben. Im Ofen (Mitte) 20–25 Min. garen, dann auf Bowls verteilen.

2 Spargel putzen, holzige Enden abschneiden. Spargel schräg in ca. 3 cm lange Stücke schneiden und in die Kartoffelschüssel geben. Zitrone heiß abwaschen, abtrocknen, die Schale abreiben und den Saft auspressen. Die Hälfte des Safts und übriges Öl (1 EL) zum Spargel geben, verrühren, salzen und pfeffern. Auf das zweite Blech geben und verteilen. Etwa 13 Min. mit in den Ofen (unten) schieben.

3 Kräuter abbrausen, trocken schütteln, die Blätter abzupfen. Mit Quark, Zitronenabrieb und 1 EL -saft fein pürieren, salzen und pfeffern. Erdbeeren waschen, putzen und vierteln. Nüsse hacken. Bowls mit Spargel, 2 EL Kräuterquark und Erdbeeren anrichten. Mit Balsamico, Nüssen und nach Wunsch etwas Petersilie garniert servieren.

Für 4 Personen • 40 Min. Zubereitung • 26 Min. Backen •
Pro Portion ca. 640 kcal, 24 g E, 29 g F, 70 g KH

LAUGENKNÖDEL-BOWL MIT AUSTERNPILZEN

DEFTIG

3 EL Sonnenblumenkerne
300 g Laugenstangen vom Vortag
1 EL Chia-Samen
Salz
Pfeffer
6 EL Öl
125 g veganer Speck
1 kleiner Eichblattsalat
300 g Austernpilze
150 g Mehl
2 TL edelsüßes Paprikapulver
125 g vegane Lime-Avocado-Sauce

1 Den Ofen auf 200° vorheizen, zwei Bleche mit Backpapier auslegen. Im Wasserkocher 250 ml Wasser aufkochen, dabei 1 EL Sonnenblumenkerne fein hacken. Die Laugenstangen in ca. 1 cm große Würfel schneiden. Diese mit den Chia-Samen, den gehackten Kernen und dem kochenden Wasser in eine Schüssel geben und ca. 10 Min. quellen lassen, dabei ab und an durchrühren. Mit Salz und Pfeffer kräftig abschmecken.

2 Nach dem Quellen die Masse mit angefeuchteten Händen zu ca. 30 tischtennisballgroßen Kugeln formen und auf das Blech legen. Mit 1 EL Öl bepinseln und im heißen Ofen (Mitte) ca. 26 Min. backen. Den Speck auf das zweite Blech geben und 5 Min. (zweite Einschubhöhe von unten) mitbacken.

3 Inzwischen den Salat putzen, waschen, in mundgerechte Stücke zupfen und trocken schleudern. Auf Bowls verteilen.

4 Die Pilze putzen und bei Bedarf mit einem Tuch abreiben. In einer Schüssel Mehl, 1 TL Salz und Paprikapulver vermischen. 200 ml kaltes Wasser zugeben und alles glatt verrühren.

5 Das restliche Öl in einer großen Pfanne erhitzen. Die Pilze in die Panade tauchen, kurz abtropfen lassen und bei mittlerer Hitze ca. 5 Min. pro Seite braten. Auf Küchenpapier entfetten.

6 Zum Servieren die Sauce über den vorbereiteten Salat in den Bowls geben, panierte Pilze, Speck und Knödel nebeneinander darauf anrichten und restliche Kerne darüberstreuen.

Für 4 Personen • 40 Min. Zubereitung • 18 Min. Backen • Pro Portion ca. 555 kcal, 19 g E, 20 g F, 76 g KH

KÜRBIS-SPITZKOHL-BOWL

HERBSTLICH

150 g bunte Quinoa
1 Spitzkohl
30 ml Olivenöl
Salz
1 Knoblauchzehe
2 EL Tahin (Sesampaste)
3 EL Reissirup
800 g Hokkaido-Kürbis
1 Dose braune Linsen (240 g Abtropfgewicht)
30 g Kürbiskerne
2 Orangen
Pfeffer

1 Den Backofen auf 220° vorheizen. Zwei Bleche mit Backpapier auslegen. Quinoa in einem Sieb heiß abspülen und in kochendem Wasser nach Packungsanleitung weich garen.

2 Spitzkohl putzen, waschen, vierteln und den Strunk entfernen. Die Viertel mit 20 ml Öl und ½ TL Salz mischen, auf ein Blech geben und im Ofen (Mitte) in 15–18 Min. weich garen. Dann herausnehmen und in mundgerechte Stücke schneiden.

3 Den Knoblauch schälen, in eine kleine Schale pressen und mit 1 EL Tahin, 2 EL Reissirup, ½ TL Salz, dem restlichen Öl und 1 EL heißem Wasser glatt verrühren. Hokkaido waschen, vierteln, Kerne und Fasern entfernen. Die Viertel quer in 1 cm breite Stücke schneiden, diese auf dem zweiten Backblech verteilen und mit der Sauce beträufeln. In den letzten 10 Min. zum Kohl mit in den Ofen (unten) geben und mitgaren.

4 Linsen in ein Sieb abgießen und abspülen. Kürbiskerne grob hacken. Eine Orange so schälen, dass die weiße Haut mit entfernt wird. Die Orangenfilets zwischen den Trennhäuten herauslösen, dabei den Saft auffangen. Den Saft der zweiten Orange auspressen. Orangensaft mit restlichem Tahin, übrigem Reissirup und 2 EL Wasser glatt rühren, salzen und pfeffern.

5 Die fertig gegarte Quinoa auf Bowls verteilen. Spitzkohl, Orangenfilets, gebackene Kürbisstücke und abgetropfte Linsen obenauf in Streifen nebeneinander anrichten. Die Bowls mit Sauce beträufeln und mit Kernen bestreut servieren.

Für 4 Personen • 45 Min. Zubereitung • 25 Min. Backen • Pro Portion ca. 580 kcal, 28 g E, 26 g F, 58 g KH

ROTE-BETE-BUCHWEIZEN-BOWL

WINTERLICH

500 g TK-Rosenkohl
4 EL Olivenöl zum Braten
Salz
Pfeffer
150 g Buchweizen
400 g Buschbohnen
1 Knoblauchzehe
80 g gemahlene Haselnusskerne
500 g Rote Beten (vorgegart und vakuumiert)
3 EL Hefeflocken
76 g Sonnenblumenhack (Trockenprodukt)
3 EL Tomatenmark

1 Backofen auf 200° vorheizen. Ein Blech mit Backpapier auslegen. TK-Rosenkohl in einer Schüssel mit 2 EL Öl, ½ TL Salz und Pfeffer mischen. Im Ofen (Mitte) 23–25 Min. backen.

2 Inzwischen den Buchweizen in einem Sieb abspülen, dann mit 300 ml Wasser in einen Topf geben, aufkochen, salzen und in ca. 15 Min. bei kleinster Hitze weich garen.

3 In einem weiteren Topf Salzwasser zum Kochen bringen. Die Bohnen putzen, waschen und ca. 6 Min. in kochendem Wasser blanchieren. Danach in ein Sieb abgießen, kalt abschrecken.

4 Knoblauch schälen und mit 60 g gemahlenen Haselnusskernen, 200 g Roten Beten, Hefeflocken und 100 ml Wasser im Hochleistungsmixer zu einer cremigen Sauce pürieren. Mit Salz abschmecken. Die restlichen Roten Beten klein würfeln.

5 Sonnenblumenhack mit 100 ml Wasser verrühren und kräftig mit Salz und Pfeffer abschmecken. Restliches Öl in einer kleinen Pfanne erhitzen. Das Hack darin in ca. 5 Min. bei hoher Hitze knusprig anbraten. Das Tomatenmark dazugeben, kurz anbraten und alles mit einem Schuss Wasser ablöschen.

6 Den fertig gegarten Buchweizen auf Bowls verteilen. Rosenkohl, gebratenes Sonnenblumenhack, Bohnen und Rote Beten obenauf in Streifen nebeneinander anrichten. Die Bowls mit der Sauce und den restlichen Nüssen garniert servieren.

DESSERTS

Für 4 Personen • 30 Min. Zubereitung • 15 Min. Kühlen • Pro Portion ca. 705 kcal, 13 g E, 45 g F, 60 g KH

SCHOKO-CHEESECAKE-BOWL

FÜR GÄSTE

75 g Mandeln
200 g vegane Butterkekse
65 g vegane Margarine
100 g vegane Zartbitter-Schokotropfen
1 Bio-Limette
300 g Himbeeren
2 Pck. Vanillezucker
100 g aufschlagbare Pflanzencreme
100 g vegane Skyralternative

1 Mandeln in einer Pfanne ohne Fett anrösten, bis sie beginnen zu duften. Herausnehmen, fein hacken. Kekse in einen Gefrierbeutel geben und mit dem Nudelholz fein zerbröseln.

2 Margarine und 60 g Schokotropfen in einem kleinen Topf bei mittlerer Hitze schmelzen lassen. Topf vom Herd nehmen. Keksbrösel und 30 g geröstete Mandeln unterrühren. Die Masse gleichmäßig auf die Bowls verteilen, leicht andrücken und ca. 15 Min. in das Tiefkühlgerät geben.

3 Inzwischen die Limette heiß waschen und abtrocknen. Mit einem Zestenreißer die Schale ablösen, den Saft auspressen. Limettenzesten und -saft mit 220 g Himbeeren und dem Vanillezucker in einem kleinen Topf aufkochen, mit einem Pürierstab pürieren und ca. 5 Min. bei kleiner Hitze leicht andicken lassen.

4 Die Pflanzencreme steif schlagen, den Skyr unterheben. Die Bowls aus dem Tiefkühlgerät nehmen und die Creme gleichmäßig auf dem Teigboden verteilen. Zum Servieren die Himbeersauce sowie die übrigen Mandeln, Schokotropfen und Himbeeren in Streifen auf der Creme anrichten und servieren.

Für 4 Personen • 30 Min. Zubereitung • 22 Min. Backen • Pro Portion ca. 950 kcal, 18 g E, 52 g F, 101 g KH

FEIGEN-STREUSEL-BOWL

FRUCHTIG

150 g Dinkelmehl (Type 630)
60 g zarte Haferflocken
70 g Rohrohrzucker
frisch geriebene Muskatnuss
100 g vegane Margarine
400 g frische Feigen
1 Pck. Vanillezucker
80 g Mandelblättchen
450 g veganes Vanilleeis
100 g aufsprühbare Pflanzencreme

AUSSERDEM

4 ofenfeste Bowls

1 Den Ofen auf 180° vorheizen. Mehl, Haferflocken, 60 g Zucker und Muskatnuss in einer Schüssel mischen. Die Margarine würfeln, hinzufügen und alles zu einer homogenen Masse verkneten.

2 Die Feigen putzen, waschen, vierteln und auf die Bowls verteilen. Vanillezucker darüberstreuen. Den Teig zu Streuseln zerbröseln, über die Feigen geben und im Ofen (Mitte) ca. 22 Min. backen, bis die Streusel goldbraun werden. Dann aus dem Ofen nehmen.

3 In der Zwischenzeit die Mandeln in einer Pfanne ohne Fett anrösten, bis sie zu duften beginnen. Den restlichen Zucker darüberstreuen und karamellisieren lassen. Die Mandelblättchen auf einen Bogen Backpapier geben, etwas verteilen und abkühlen lassen.

4 Zum Servieren die Bowls mit je zwei Kugeln Vanilleeis und den gerösteten Mandeln garnieren. Die Pflanzencreme aufsprühen.

Für 4 Personen • 20 Min. Zubereitung • 20 Min. Kühlen • Pro Portion ca. 750 kcal, 23 g E, 45 g F, 59 g KH

COOKIE-DOUGH-BOWL

PROTEINREICH

60 g 3-Korn Flocken
150 g + 2 TL weißes Mandelmus
Salz
¾ TL gemahlene Bourbon-Vanille
2 Gläser Kichererbsen (à 220 g Abtropfgewicht)
400 g vegane Quarkalternative auf Sojabasis
80 g Agavendicksaft
50 g vegane Zartbitter-Schokolade
50 g Macadamianusskerne

1 Flocken mit 50 g Mandelmus, 1 Prise Salz und ¼ TL Vanille im Hochleistungsmixer zu einer klebrigen Masse pürieren. Bei Bedarf etwas Wasser zugeben, bis die gewünschte Konsistenz erreicht ist. Aus der Masse mit den Händen ca. 20 Bällchen à 2 cm ∅ formen.

2 Kichererbsen abspülen, gut abtropfen lassen. Mit dem Quark, Agavendicksaft, restlicher Vanille und 100 g Nussmus im Hochleistungsmixer cremig-fein pürieren. Gegebenenfalls die Masse zwischendurch mit einem Spatel vom Rand nach unten schieben. Die Schokolade hacken, davon 20 g zur Kichererbsenmasse geben und unterrühren. Die Macadamianusskerne grob hacken.

3 Die Kichererbsencreme auf Bowls verteilen. Je fünf Haferflockenbällchen an einer Seite aufreihen. Die gehackten Nusskerne daneben anrichten. Mit restlicher Schokolade und übrigem Nussmus garnieren und vor dem Servieren mindestens 20 Min. kühl stellen.

Für 4 Portionen • 20 Min. Zubereitung • 20 Min. Backen • 5 Min. Kühlen • Pro Portion ca. 990 kcal, 13 g E, 57 g F, 103 g KH

BROWNIE-BOWL

SCHOKOLADIG

400 g vegane Backmischung für Brownies
130 g Öl
120 ml Pflanzendrink
1 Glas Sauerkirschen (195 g Abtropfgewicht)
1 EL Speisestärke
¼ TL gemahlene Bourbon-Vanille
2 EL Zucker
200 g aufschlagbare Pflanzencreme
60 g Erdnusskerne (geröstet und gesalzen)

1 Den Ofen auf 160° vorheizen. Die Backmischung in eine Schüssel geben und nach Packungsanleitung mit dem Öl und Pflanzendrink zu einem glatten Teig verrühren. In Bowls füllen und im Ofen (Mitte) ca. 20 Min. backen. Herausnehmen und etwas abkühlen lassen.

2 In der Zwischenzeit die Kirschen abgießen, den Kirschsaft dabei in einem Topf auffangen. Die Speisestärke und 2 EL Wasser in einen Becher geben und mit einem kleinen Schneebesen glatt rühren. Den Kirschsaft mit gemahlener Vanille und 1 EL Zucker aufkochen. Die Speisestärke angießen und unterrühren, dann alles in wenigen Minuten sanft zu einer dickflüssigen Sauce einköcheln lassen.

3 Die Pflanzencreme ca. 5 Min. in das Tiefkühlgerät geben. Danach in einem hohen Rührbecher mit übrigem Zucker (1 EL) steif schlagen. Kirschen, Pflanzencreme und Kirschsauce nebeneinander auf den Bowls anrichten und diese mit Erdnüssen bestreut sofort servieren.

Für 4 Portionen • 12 Min. Zubereitung • Pro Portion ca. 485 kcal, 17 g E, 19 g F, 58 g KH

CARROT-CAKE-BOWL

SCHNELL

160 g Haferflocken
4 EL gemahlene Erdmandeln (ersatzweise Mandeln)
3 EL Ahornsirup
200 g Möhren
50 g Rosinen
2 Äpfel (à ca. 200 g)
500 g vegane Skyralternative
1 TL Zimtpulver
½ TL gemahlener Kardamom
Salz
60 g Walnusskerne

1 Haferflocken mit Erdmandeln, 250 ml Wasser und 1 EL Ahornsirup in einer Schüssel verrühren und einige Minuten quellen lassen.

2 Währenddessen die Möhren putzen, schälen und auf der Küchenreibe fein raspeln. Die Raspel mit den Rosinen vermischen. Die Äpfel waschen, vierteln, vom Kerngehäuse befreien und klein würfeln.

3 Die Skyralternative mit Zimt, Kardamom, 1 Prise Salz und dem restlichen Sirup glatt rühren. Die Walnusskerne grob hacken.

4 Die Haferflockenmischung in die Bowls geben. Möhren-Rosinen-Mix auf einer Hälfte verteilen, auf der anderen Hälfte zu je einem Viertel die Äpfel und den Skyr anrichten. Mit Walnusskernen garniert servieren oder über Nacht abgedeckt im Kühlschrank aufbewahren.

Für 4 Portionen • 15 Min. Zubereitung • 8 Std. Kühlen • Pro Portion ca. 370 kcal, 8 g E, 21 g F, 34 g KH

CHIA-PUDDING-BOWL

FÜR GÄSTE

60 g Chia-Samen
600 ml Kokosdrink
200 g vegane Joghurtalternative Kokos
40 g Paranusskerne
2 EL Ahornsirup
Salz
50 g vegane weiße Schokolade
20 g Minze
4 Kiwis
160 g Mango-Sauce (ersatzweise 1 reife Mango, püriert)

1 Chia-Samen und Kokosdrink in das Schraubglas geben, gründlich verrühren, luftdicht verschließen und ca. 8 Std. (über Nacht) im Kühlschrank quellen lassen. Am nächsten Tag die Joghurtalternative dazugeben und gut unterrühren. Chia-Pudding auf Bowls verteilen.

2 Paranusskerne grob hacken und in einer kleinen Pfanne ohne Fett anrösten, bis sie beginnen zu duften. Ahornsirup zugeben, alles verrühren und bei kleiner Hitze eindicken lassen. Die Nussmischung direkt auf ein Backpapier geben, leicht platt drücken und mit 1 Prise Salz bestreuen. Nach dem Aushärten von Hand grob zerbrechen.

3 Schokolade fein hacken. Die Minze abbrausen, trocken schütteln und die Blättchen abzupfen. Kiwis schälen, längs halbieren und in dünne Halbscheiben schneiden. Diese auf einem Drittel des Puddings verteilen, Mango-Sauce und Schokolade daneben anrichten. Die Bowls mit Nusscrunch und Minze bestreut servieren.

Für 4 Portionen • 35 Min. Zubereitung • Pro Portion ca. 470 kcal, 8 g E, 17 g F, 68 g KH

MILCHREIS-BOWL

KLASSISCH

50 g Marzipan-Rohmasse
125 g Milchreis
1 EL vegane Margarine
600 ml Mandeldrink
Salz
2 EL Rohrohrzucker
350 g Pflaumen
1 TL Zimtpulver
½ TL gemahlener Kardamom
90 g Studentenfutter
2 Birnen

1 Marzipan für die Dauer der Zubereitung tiefkühlen. Reis abspülen. Margarine in einem Topf schmelzen, den Reis darin ca. 3 Min. unter Rühren anschwitzen. Haferdrink und 1 Prise Salz unterrühren, alles einmal aufkochen und den Reis bei kleinster Hitze zugedeckt ca. 25 Min. unter Rühren garen. 1 EL Zucker unterrmischen.

2 Pflaumen waschen, halbieren, entsteinen und würfeln. Die Würfel in einen Topf geben. Restlichen Zucker, Zimt und Kardamom unterrühren. Alles aufkochen und ca. 10 Min. bei kleinster Hitze köcheln lassen, dann fein pürieren und weitere 5 Min. sanft garen.

3 Das Studentenfutter grob hacken. Die Birnen waschen, halbieren, vom Kerngehäuse befreien und ca. 1 cm groß würfeln. Milchreis auf Bowls verteilen und zu einem Drittel mit den Birnenwürfeln garnieren. Die Pflaumensauce daneben anrichten. Marzipan grob darüberraspeln und alles mit Studentenfutter bestreut servieren.

REGISTER

Abkürzungsverzeichnis:
E = Eiweiß
EL = Esslöffel (gestrichen)
F = Fett
kcal = Kilokalorien
KH = Kohlenhydrate
Msp. = Messerspitze
Pck. = Päckchen
TK = Tiefkühl
TL = Teelöffel (gestrichen)
Ø = Durchmesser

LIEBE LESERINNEN UND LESER,

wir wollen Ihnen mit diesem Buch Informationen und Anregungen geben, um Ihnen das Leben zu erleichtern oder Sie zu inspirieren, Neues auszuprobieren. Wir achten bei der Erstellung unserer Bücher auf Aktualität und stellen höchste Ansprüche an Inhalt und Gestaltung. Alle Anleitungen und Rezepte werden von unseren Autoren, jeweils Experten auf ihren Gebieten, gewissenhaft erstellt und von unseren Redakteur*innen mit größter Sorgfalt ausgewählt und geprüft.

Haben wir Ihre Erwartungen erfüllt? Sind Sie mit diesem Buch und seinen Inhalten zufrieden? Wir freuen uns auf Ihre Rückmeldung. Und wir freuen uns, wenn Sie diesen Titel weiterempfehlen, in Ihrem Freundeskreis oder bei Ihrem Online-Kauf.

Sollten wir Ihre Erwartungen so gar nicht erfüllt haben, tauschen wir Ihnen Ihr Buch jederzeit gegen ein gleichwertiges zum gleichen oder ähnlichen Thema um.

KONTAKT ZUM LESERSERVICE

GRÄFE UND UNZER VERLAG
Grillparzerstraße 12
81675 München
www.gu.de

IMPRESSUM

GU ist eine eingetragene Marke der GRÄFE UND UNZER VERLAG GmbH, www.gu.de

ISBN 978-3-8338-8822-9
1. Auflage 2023

Projektleitung: Linh Nguyen
Lektorat: Dr. Stefanie Gronau
Korrektorat: Jutta Friedrich
Gesamtgestaltung: independent
Umschlaggestaltung: ki36 Editorial Design, Sabine Krohberger, München
Herstellung: Gloria Schlayer
Satz: Eberl & Koesel Studio GmbH
Reproduktion: medienprinzen GmbH
Druck und Bindung: Firmengruppe APPL, aprinta druck, Wemding
Printed in Germany

GRÄFE UND UNZER

Ein Unternehmen der GANSKE VERLAGSGRUPPE

DIE AUTORIN

Annina Schäflein ist Ernährungsexpertin, Bestsellerautorin und Gründerin von breifreibaby.de. Ihr Fokus liegt auf einer gesunden und abwechslungsreichen Familienküche, die alle überzeugt.

DIE FOTOGRAFIN

Mona Binner entdeckte nach ihrer Ausbildung zur Werbefotografin die Liebe zur Foodfotografie und arbeitet seit 2007 als freie Fotografin für namhafte Magazine und Verlage. Mit Unterstützung von Julia Luck (Foodstyling) hat sie die veganen Bowls stilvoll in Szene gesetzt.

Bildnachweis:
Mona Binner: S. 06–59 und alle Stepfotos
Coco Lang: S. 01, 05 und Stillleben auf den Klappen; Jan Brettschneider: Cover; Andrea Mühleck: S. 04 Autorenfoto

Umwelthinweis:
Nachhaltigkeit ist uns sehr wichtig. Der Rohstoff Papier ist in der Buchproduktion hierfür von entscheidender Bedeutung. Daher ist dieses Buch auf PEFC-zertifiziertem Papier gedruckt. PEFC garantiert, dass ökologische, soziale und ökonomische Aspekte in der Verarbeitungskette unabhängig überwacht werden und lückenlos nachvollziehbar sind.

Syndication: www.seasons.agency

Die GU-Homepage finden Sie unter www.gu.de

APPETIT AUF MEHR?

ISBN 978-3-8338-7813-8

ISBN 978-3-8338-7302-7

ISBN 978-3-8338-8016-2

ISBN 978-3-8338-7892-3

ISBN 978-3-8338-8044-5

ISBN 978-3-8338-8018-6

e Alle hier vorgestellten Bücher sind auch als eBook erhältlich.

G|U

Mehr von GU auf **www.gu.de** und **facebook.com/gu.verlag**

DIE »GU KOCHEN PLUS«-APP

1 APP HERUNTERLADEN

Laden Sie die kostenlose »GU Kochen Plus«-App im Apple App Store oder im Google Play Store auf Ihr Smartphone. Starten Sie die App und wählen Sie Ihren Küchenratgeber aus.

2 REZEPTBILD SCANNEN

Scannen Sie das gewünschte Rezeptbild mit der Kamera Ihres Smartphones. Klicken Sie im Display die Funktion Ihrer Wahl.

3 FUNKTIONEN NUTZEN

Sammeln Sie Ihre Lieblingsrezepte. Speichern und verschicken Sie Ihre Einkaufslisten. Oder nutzen Sie den praktischen Supermarkt-Finder und den Rezept-Planer.